뚱딴지 공룡탐험대 ③

# 적과 마주친 잃어버린 세계

자유로운
상상

똥딴지 공룡탐험대 ❸
**적과 마주친 잃어버린 세계**

초판 1쇄 인쇄 | 2023년 8월 10일
초판 1쇄 발행 | 2023년 8월 15일

지은이 | 김우영
펴낸곳 | 자유로운상상
펴낸이 | 하광석
디자인 | 김현수(이로)

등  록 | 2002년 9월 11일(제 13-786호)
주  소 | 경기도 하남시 미사강변중앙로 204번길 11 1103호
전  화 | 02 392 1950 팩스 | 02 363 1950
이메일 | hks33@hanmail.net

ISBN 979-11-983735-7-1 (77810)

· 사전 동의 없는 무단 전재 및 복제를 금합니다.
· 잘못 만들어진 책은 바꾸어 드립니다.
· 책 값은 뒤표지에 있습니다.

### 뚱딴지 공룡탐험대

# 적과 마주친 잃어버린 세계

**3**

글·만화 김우영

자유로운 상상

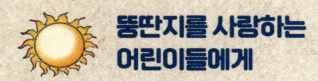 똥딴지를 사랑하는 어린이들에게

## 신나는 공룡 탐험을 떠나보자!

　사람이 살기 훨씬 오래 전, 지구에는 아주아주 커다란 몸집에 갑옷을 입은 듯한 튼튼한 피부, 그리고 날카로운 이빨과 발톱을 지닌 무시무시한 동물이 살고 있었어요. 바라보기만 해도 오싹오싹 소름이 돋는 공룡이 바로 그것이 었습니다. '공룡'은 말 그대로 '무서운 용'이에요.
　하지만 지금까지 어떤 사람도 실제로는 보지 못한, 화석으로만 남아있는 존재가 바로 공룡입니다.
　공룡은 중생대에 크게 번성하며 지구를 지배했어요.
　그런데 어느 날 갑자기 멸종해 버렸죠.
　대체 무슨 일이 벌어졌던 걸까요?
　어린이 여러분의 궁금증을 해소하기 위해 우리의 친구 똥딴지와 삽살이 가 공룡탐험을 떠나게 됩니다. 물론 만화와 현실은 다릅니다. 혹시 이 만화 를 보고 가볍게 공룡 탐험을 떠나는 친구들은 없겠죠?
　만약 여러분 중에 공룡 탐험을 희망하는 어린이가 있다면 똥딴지와 삽살

이처럼 공룡에 관한 공부와 준비를 충분히 하기 바랍니다.

　미지의 세상을 가보고 싶은 꿈을 이룬다는 것은 많은 어려움이 따르기 때문입니다. 어린이 여러분들의 욕구와 호기심을 조금이라도 만족시켜주기 위해 뚱딴지 공룡탐험대가 탄생했습니다. 어떤 어려운 상황에서도 슬기롭게 도전해서 극복해 나가는 뚱딴지 공룡탐험대와 함께 어린이 여러분도 탐험과 도전의 정신을 키울 수 있기 바랍니다.

　특히 이번 〈공룡 탐험〉에는 지금까지 알려진 공룡보다 더 많은 공룡 이야기가 담겨 있습니다.

　많이 사랑해 주세요.

평창동 화실에서
**김우영**

# 이 책에 등장하는 공룡들

**마멘키사우루스**
후기 쥐라기에 살았으며 초식 공룡이다. 마멘키사우루스라는 이름은 처음 발견된 중국 지명을 따서 붙여졌는데 공룡 중에서 가장 목 길이가 긴 공룡으로 유명하다.

**미크로랍토르**
작은 네 개의 날개를 가진 드로마에오사우루스과 공룡의 한 속이다.

**아파토사우루스**
후기 쥐라기에 살았으며 초식 공룡이다. 아파토사우루스 공룡의 가장 큰 특징은 23m의 긴 몸길이와 20톤의 몸무게에 있다. 예전에는 브론토사우루스라는 이름으로 알려져 있다.

**디플로도쿠스**
후기 쥐라기에 살았으며 초식 공룡이다. 널리 알려진 공룡 중 하나인 디플로도쿠스는 용각류에 속한다.

**스테고사우루스**
'지붕 도마뱀'이라는 뜻으로, 꼬리에는 뼈로 된 날카로운 가시가 4개 있는데 육식공룡을 물리치는 무기였다. 큰 몸집에 비해 머리가 작고, 뇌 또한 호두알 크기로 공룡 중 머리가 가장 나쁘고 행동이 느렸을 것이다.

### 티라노사우루스 렉스
백악기 후기에 살았던 키는 6.5m, 몸길이는 14m 이상이었으며, 몸무게는 8t 정도였던 것으로 추측된다. 육중한 몸집에 목이 짧고 굵었으며, 앞다리는 매우 작아 뒷다리만을 이용해서 걸었다.

### 안킬로사우루스
넓적한 몸집과 작은 키를 가지고 있는 안킬로사우루스는 짧은 네다리를 이용하여 이동하는 사족보행 공룡이다. 꼬리까지 골편이 발달하였으며, 꼬리에는 곤봉처럼 커다란 돌기를 가지고 있었다.

### 스티라코사우루스
커다란 코뿔을 가지고 있으며. 스티라코사우루스는 후기 백악기에 살았으며 북아메리카에서 발견된 초식 공룡이다.

### 파키케팔사우루스
중생대 백악기 후기 미국 중·서부에서 등장한 중형공룡으로 호전적 성격을 가졌으며, 머리에 헬멧과 같은 구조물을 가진 후두류 공룡 중 유일하게 살아남은 공룡이다.

### 트리케라톱스
후기 백악기에 살았으며 북아메리카에서 발견된 각룡류인 초식 공룡이다. 트리케라톱스는 머리에 세 개의 뿔과 넓은 프릴을 가진 특징을 가졌으며, 각룡류 중에서 몸집이 큰 편에 속하여 육상 공룡 중 머리가 가장 큰 것에 속하고 있다.

 들어가면서

어린이 여러분, 하늘을 나는 새들은 날개가 모두 2개죠?

그러나 아주 옛날에는 날개가 4개인 공룡새가 살았어요.

얼마나 신기했을까요?

날개 4개를 펄럭이며 숲속을 날아다녔을걸 생각하니….

그 새에 대한 이야기를 쓰고 있을 때 얼마전 완벽한 화석이 중국에서 발견됐다고 해요. 어린이 여러분 알면 알수록 신기한 공룡의 세계를 뚱딴지와 함께 탐험해 보세요.

> 첫번째 이야기

# 신난다!
# 이제 공룡나라야!

아마존 강을 지나고 신비에 쌓인 기아나 고지대도 지나 드디어 똥딴지 탐험대는 공룡의 나라에 도착합니다.

# 공룡나라에 다 왔어!

퍼벡스푼발은 코끼리호를 지나 날아갑니다.

얘들아. 이제 우리는 공룡 나라에

다 왔다~~!

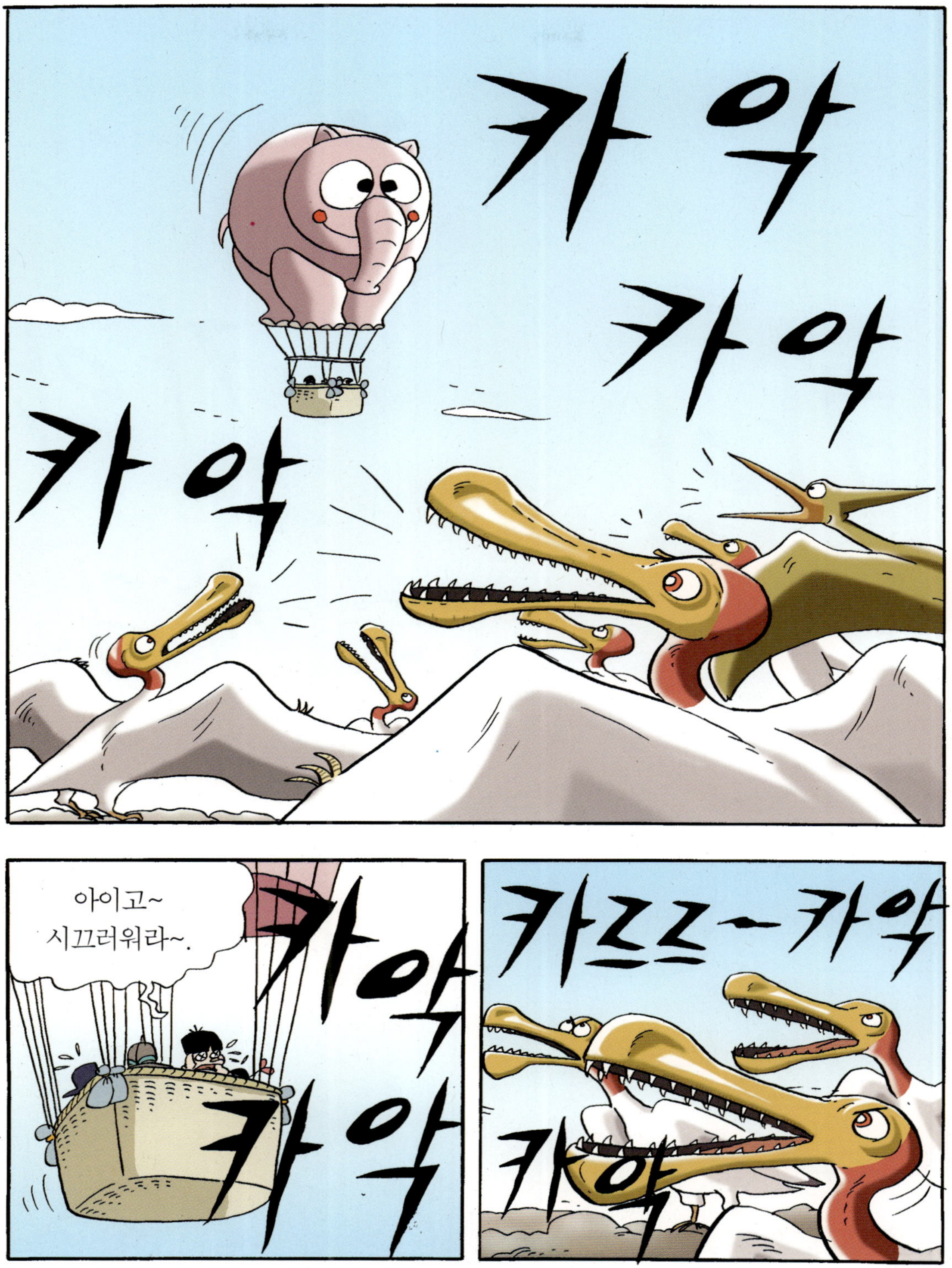

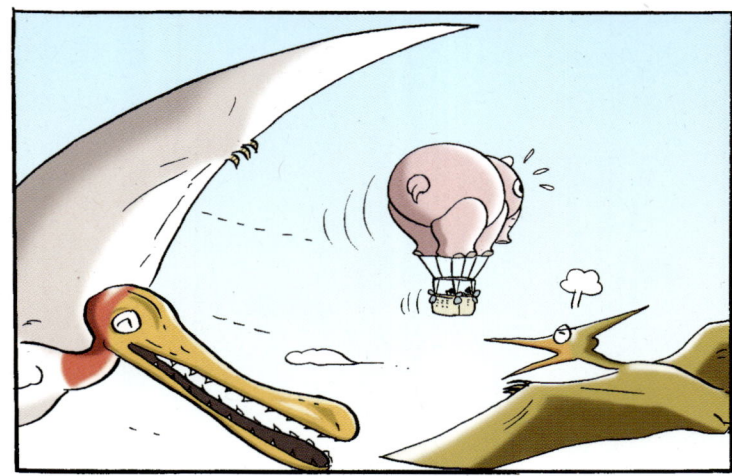

이 녀석은 호수나 물가에 살며 고기잡이를 하는 '바리오니쿠스'라는 공룡입니다.
'바리오니쿠스'의 뜻은 '커다란 갈고리 모양의 발톱'이라는 뜻인데…

보시다시피 난 이 멋진 발톱으로 고기를 낚아서 잡아먹지.

그후 아프리카 사하라사막에서도 이 '공포의 낚시꾼' 화석이 발견되기도 했죠.

> 두번째 이야기

# 드디어 공룡을 찾았다!

저게 뭐야! 세상에~ 공룡이잖아.
지금 내 앞에 1억년 전 공룡이 가고 있다니!

# 왕잠자리

# 날개가 4개인 새를 봤니?

3억만년 전부터 살았던 왕잠자리 때문에 더욱 신이 난 공룡 탐험대

씩씩하게 들판을 가로질러 이번엔 숲속을 향해 걸어갑니다.

드디어 공룡을 찾았다!

가까이 오고 있는 디플로도쿠스는 어디서 많은 싸움을 했는지

등 위의 뿔은 여러개가 부러져 있고

몸에는 날카로운 발톱에 긁힌 상처가 많이 있었습니다.

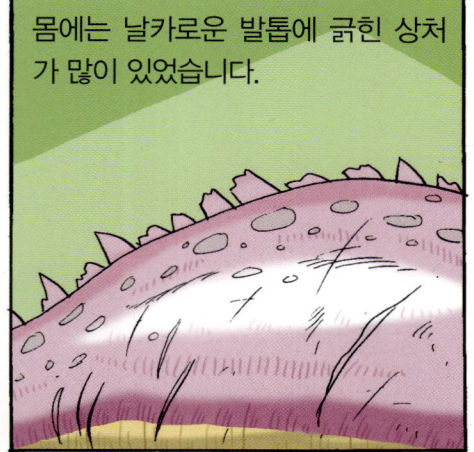

> 세번째 이야기

# 세계 최대의 공룡들

중생대 쥐라기에는 어마어마하게 큰 초식동물들이 숲속을 누비고 다녔습니다. 그런데 이 공룡들은 도대체 얼마만큼 클 수 있었을까요?

# 덩치 큰 공룡 베스트 3

탐험대는 새로운 공룡을 보기 위해 다시 걸어 갑니다.

아까 그 디플로도쿠스는 정말 무지무지 컸어.

응

코끼리의 5배는 되는 것 같았거든.

1위~! 쎄이모사우루스

길이가 무려 52미터다.

와~ 엄청 길다.

갑자기 어지러워~.

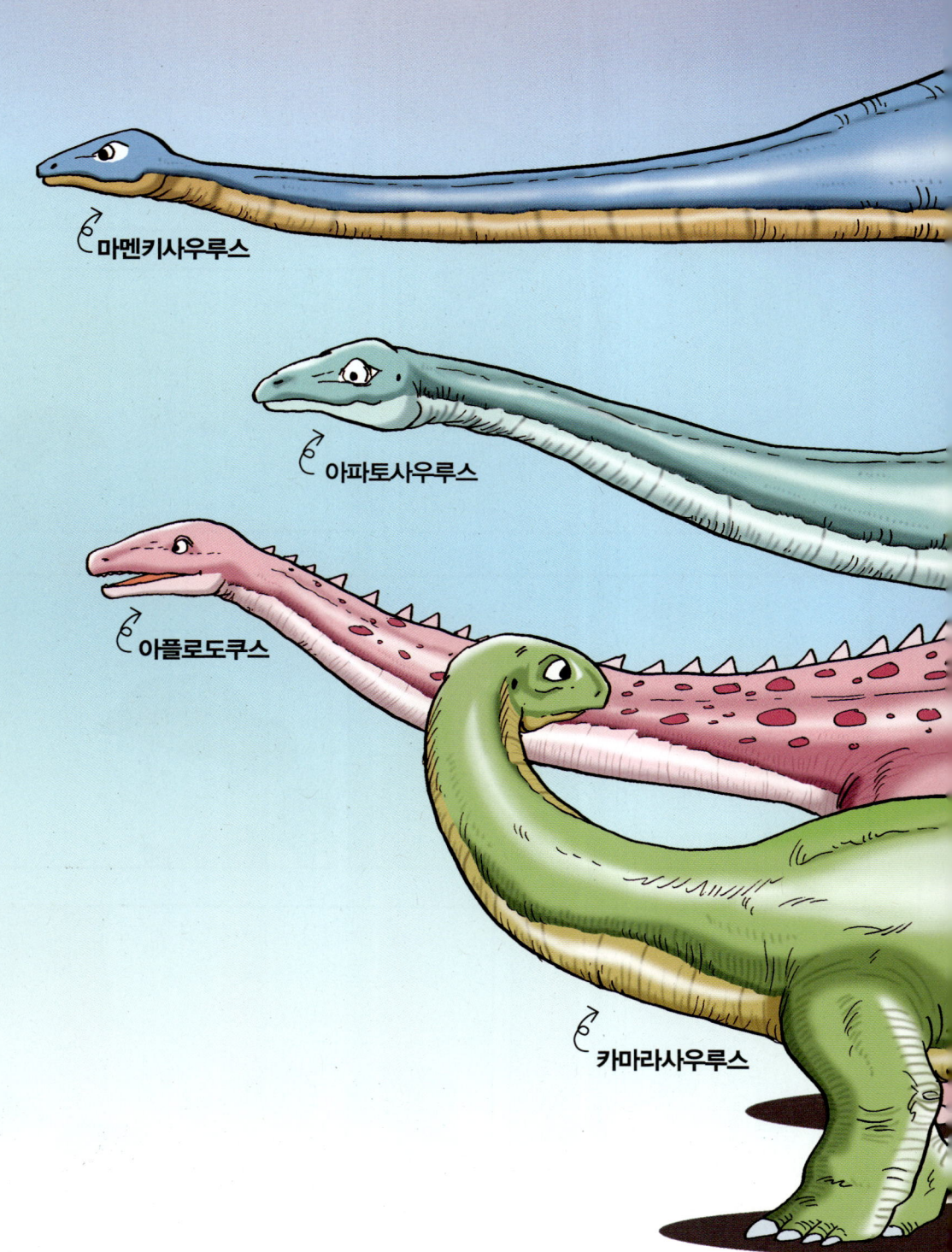

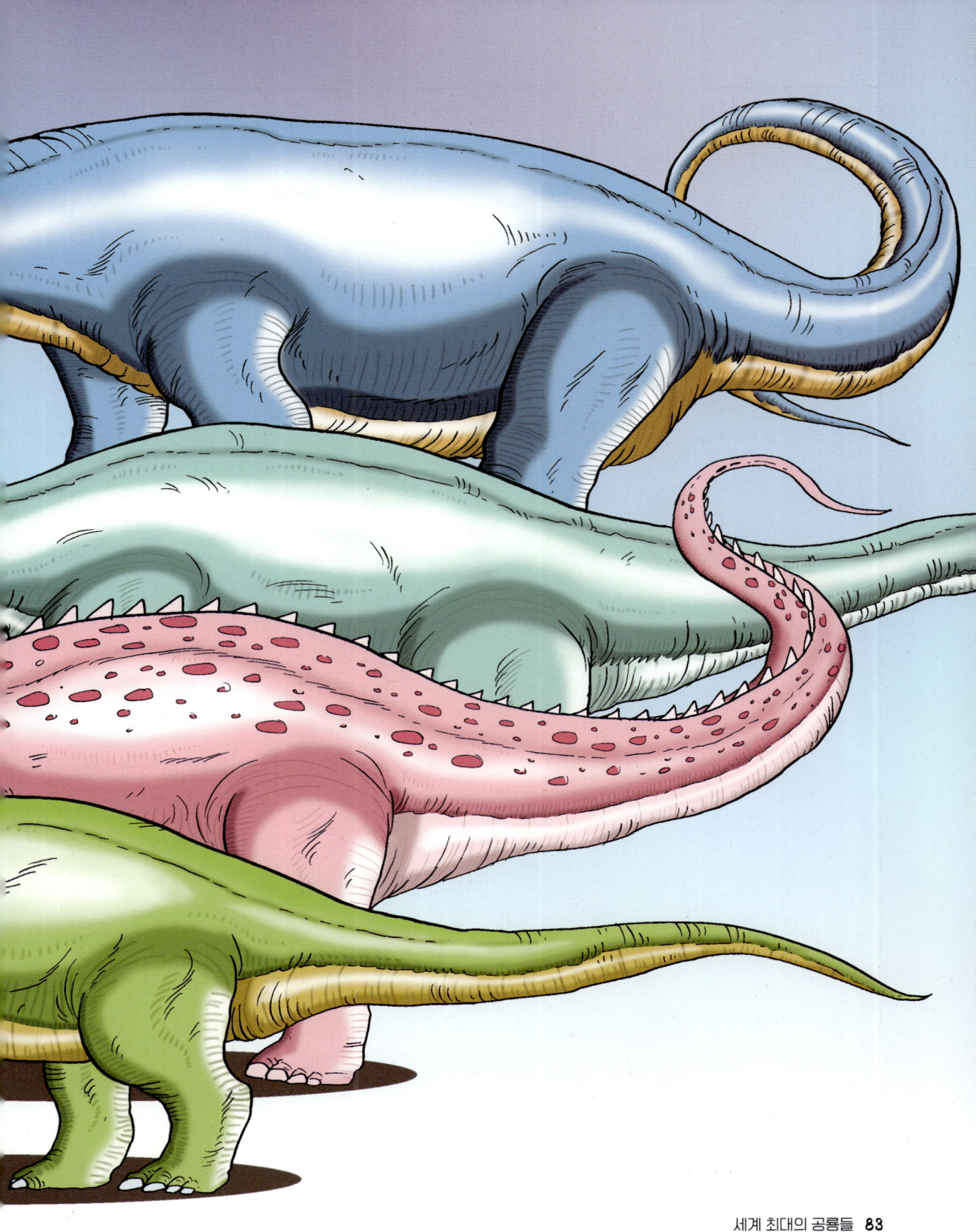

세계 최대의 공룡들 83

> 네번째 이야기

# 한국엔 더 커다란 공룡도 있었다

그러나 어린이 여러분. 놀라지 마세요.
더 큰 공룡이 우리나라에도 있습니다.

# 큰 공룡보다 더 큰 공룡

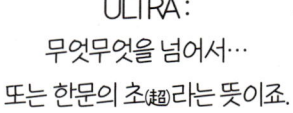

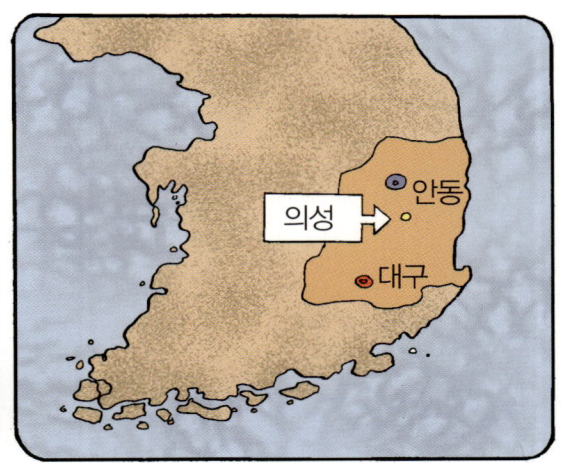

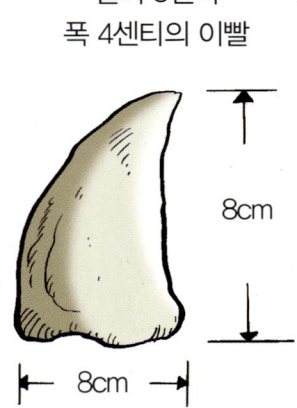

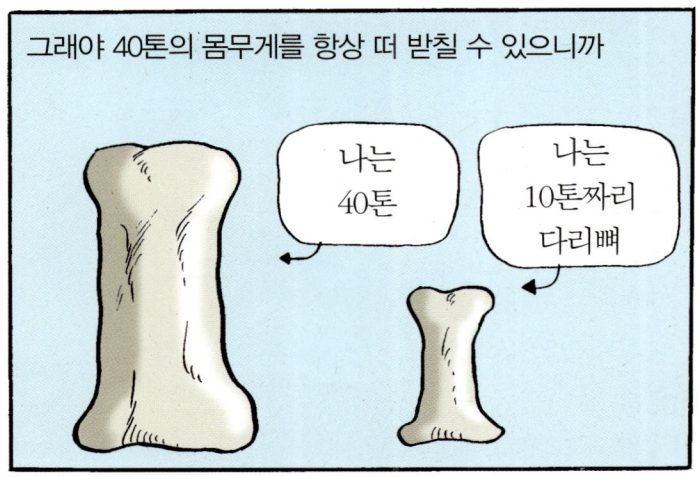

> 다섯번째 이야기

# 티라노의 진짜 이름은 뭘까?

티라노는 진짜 이름이 아닙니다. 그냥 줄여서 부르는 이름이죠. 그럼 진짜 이름이 무엇일까요?

# 폭군 공룡 티라노

— 
Tyranno 공포의 폭군
Saurus 도마뱀
Rex 왕

**티라노사우루스 렉스**

지금가지 지구상에 살았던 수많은 공룡 중 가장 힘이 세고 무서운 공룡이다. 특히 바나나만한 이빨이 줄줄이 달려 있는 그 커다란 턱은 다른 공룡들을 한 입으로 잡아 찢어 먹을 수 있었는데 일단 한 번 물리면 그 공룡은 빠져 나가기 힘들었다. 왜냐하면, 그 이빨 안쪽에는 톱처럼 날카롭고 삐죽삐죽한 날이 있었기 때문이다.

← 톱날

중생대 백악기 후기에 살았고 길이는 15미터로 용반목, 수각류로 분류가 된다.

> 여섯번째 이야기

# 스티라코 사우루스

1편에 나왔던 트리케라톱스를 기억하시죠?
커다란 뿔이 3개나 달린 트리케라톱스.
그러나 이 녀석 친척중에는 더 대단한 공룡이 있다니까요.

## 뿔이 9개나 달렸다.

두목도 이제는 박사의 공룡책을 열심히 빌려 보네요.

왜?

왜냐구?

재미 있으니까

킥킥킥….

**스티라코사우루스**
중생대 백악기에 살았던(6500만년까지 살았었다.) 뿔룡.
풀을 먹고 사는 초식공룡이다.

어디로? 와~ 히야~ 멋있다.

'긴 뿔이 있는 도마뱀'이란 뜻이지.

이 녀석의 이름을 '스티라코사우루스'

딱 맞네. 긴 뿔이 9개나 있으니.

거대한 턱과 이빨을 가진 폭군룡 티라노. 그러나 스티라코는 단단한 피부와 날카로운 뿔을 가졌습니다. 과연 이 두 공룡이 싸운다면 누가 이길까요?

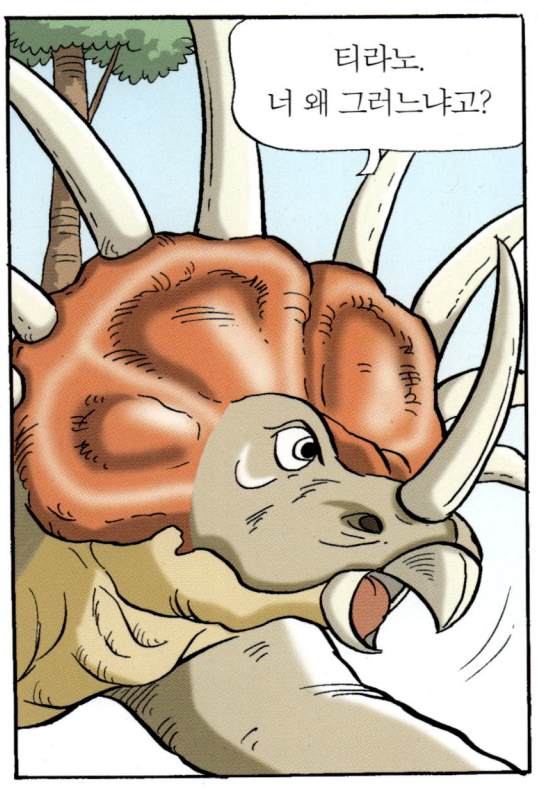

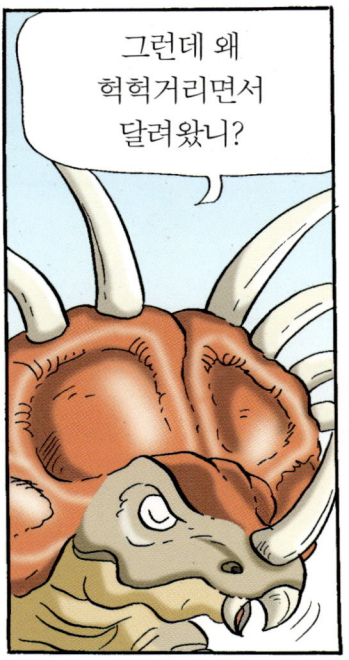

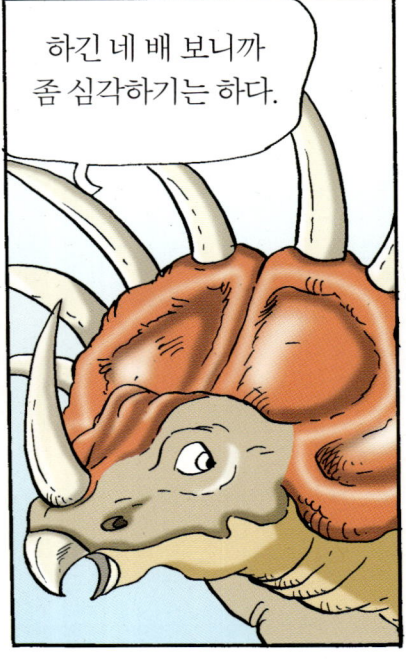

이놈들아~~대신 너희라도 잡아먹어야 겠다.

쿵 쾅 쾅 쾅

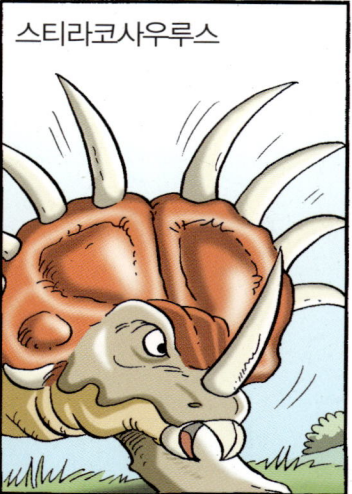

> 일곱번째 이야기

# 희한한 공룡
# 파키케팔로

공룡중에는 정말 신기한 공룡들이 많습니다.
그 중의 하나. 여기 파키케팔로를 소개하죠.

# 파키케팔로는 왜 그래?

나는 김밥이 잘 안 넘어가.

나도 그래.

신기한 공룡들을 계속 볼 생각하니까.

빨리 김밥 먹고 공룡 보러가야지.

맞다. 저건 돌머리 공룡이야!

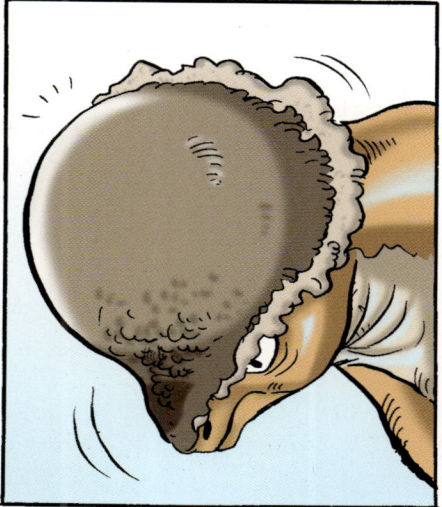

**파키게팔로**
이 공룡은 공룡시대에서 가장 마지막에 살았던 초식 공룡입니다.
지금의 산양과 마찬가지로 바위산이나 높은 언덕 위에서 살았을거라 생각되는데,
그 이유는 티라노나 무서운 다른 공룡에게 잡아 먹히지 않기 위해서입니다.

희한한 공룡 파키케팔로 161

희한한 공룡 파키게팔로

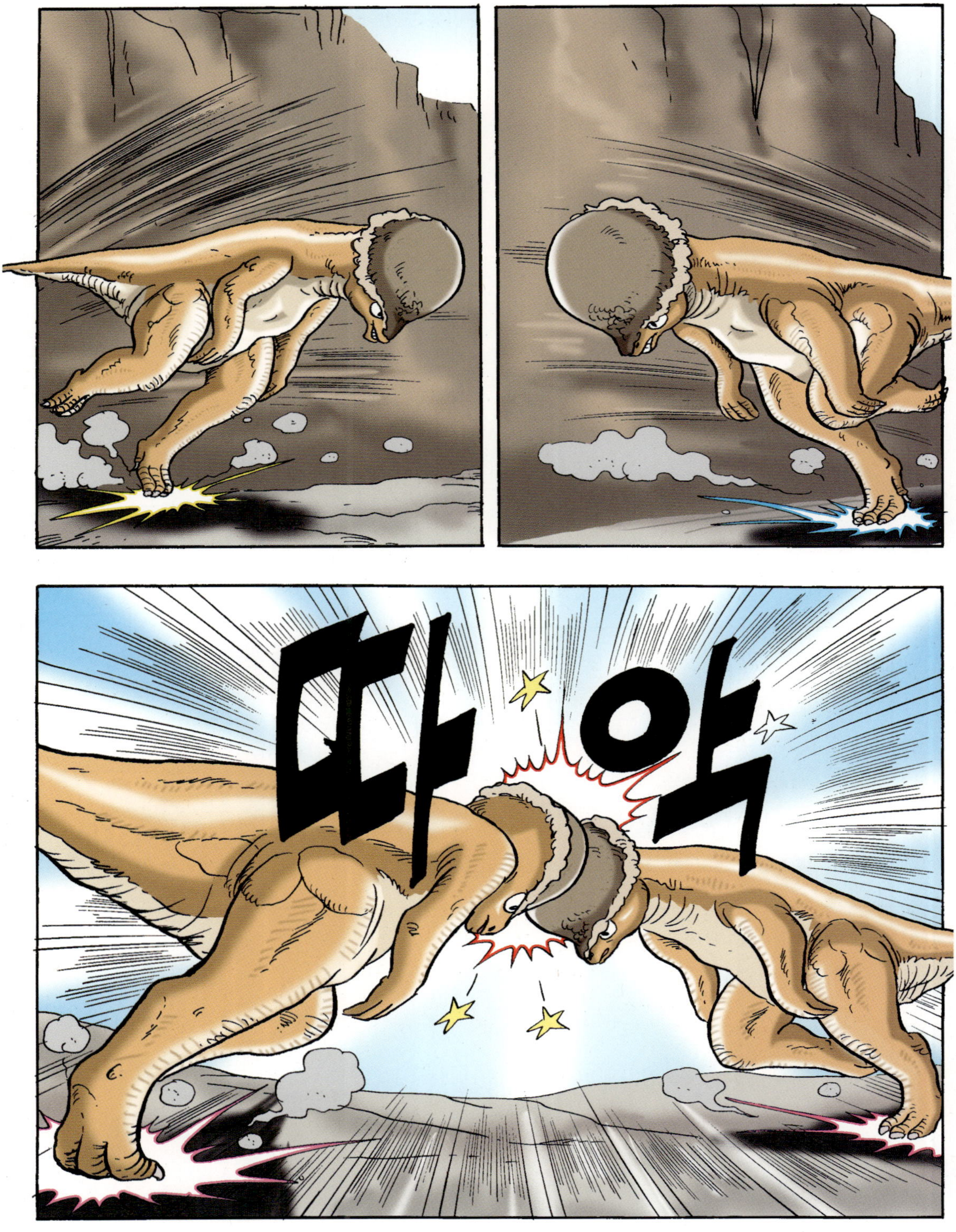

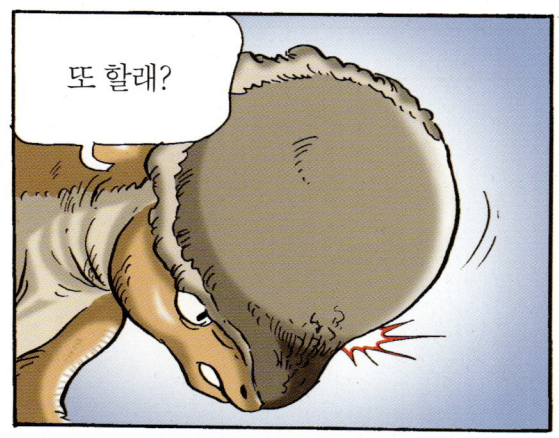
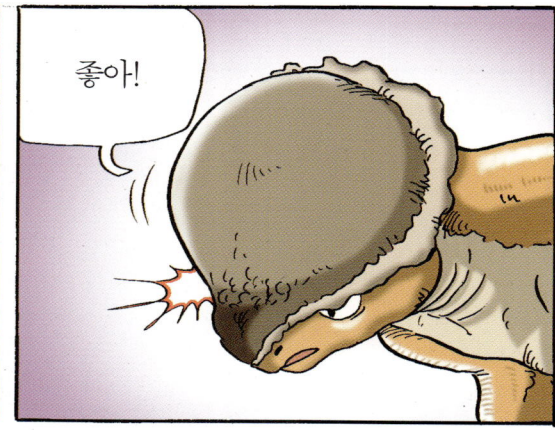

뚱딴지는 이 흥미로운 공룡에 대해 기록을 합니다.

공룡 중에서 가장 나중에 나온 녀석으로

자기 몸을 지킬게 아무것도 없으니까 바위산이나 언덕 위에서 살았었다고요.

설악산 바위에 아직도 산양이 살고 있거든요. 그 녀석들도 이 파키케팔로의 습성을 이어 받았나봐요.

> 여덟번째 이야기

# 해적선도 착륙했다

도둑들의 비행선도 안개지역을 뚫고 공룡나라로 다가갑니다.
그런데 맨 처음 만나는 공룡이…으아~ 무서워라.

**데스마트스크스**

몸길이 5미터의 중생대 상첩기에 살았던 파충류입니다.
적을 막기 위해 악어처럼 딱딱한 등 껍질이 있으며 특히 어깨에 50센티 길이의 뿔이 양쪽에 하나씩 솟아 있죠. 그러나 보기 보다는 순하고 초식 파충류였을거라 추측됩니다.

아홉번째 이야기

# 더 넓은 공룡의 나라로

똥딴지 탐험대는 공룡의 나라에 도착해 여러 종류이 공룡들을 보았어요. 그러나 그건 아무것도 아니죠. 헤아릴 수 없는 신기한 공룡들이 똥딴지 탐험대를 기다리고 있으니까요.

# 공룡의 시대는 2억 만년이야!

다시 가자!
공룡들을
탐험하러.

출발!

열기구 통통한 코끼리 호는 다시 하늘로 올라갑니다.

공룡나라로 탐험하기 위해서요.